BARREAU DE PARIS.

DE L'AUTORITÉ

DE LA JURISPRUDENCE

ET DE SON INFLUENCE

SUR LA LÉGISLATION.

DISCOURS

PRONONCÉ DANS LA SÉANCE D'OUVERTURE DE LA CONFÉRENCE DES AVOCATS,

le 28 novembre 1857,

PAR L. BRÉSILLION,

AVOCAT A LA COUR IMPÉRIALE DE PARIS.

Judicia anchoræ legum, sicut leges reipublicæ.
BACON, *De just. un.* (aph. 73).

On ne peut pas plus se passer de jurisprudence que de lois.
PORTALIS, *Discours prélim.*

PARIS.
IMPRIMÉ PAR E. THUNOT ET Cie,
RUE RACINE, 26, PRÈS DE L'ODÉON.

1858

BARREAU DE PARIS.

DE L'AUTORITÉ

DE LA JURISPRUDENCE

ET DE SON INFLUENCE

SUR LA LÉGISLATION.

DISCOURS

PRONONCÉ DANS LA SÉANCE D'OUVERTURE DE LA CONFÉRENCE DES AVOCATS,

le 28 novembre 1857,

PAR L. BRÉSILLION,

AVOCAT A LA COUR IMPÉRIALE DE PARIS.

Judicia anchoræ legum, sicut leges reipublicæ.
BACON, *De just. un.* (aph. 73).

On ne peut pas plus se passer de jurisprudence que de lois.
PORTALIS, *Discours prélim.*

PARIS.

IMPRIMÉ PAR E. THUNOT ET Cie,

RUE RACINE, 26, PRÈS DE L'ODÉON.

—

1858

Messieurs et chers confrères,

Le génie français est éminemment pratique. S'il ne dédaigne ni les principes abstraits, ni les problèmes philosophiques qui, depuis 1789, ont si profondément remué notre société en travail, cependant, il se complaît à n'isoler jamais les exigences de la vie réelle, de l'étude des hautes théories. Ami du précepte tracé par Horace au poëte, il se tient à une égale distance et des sentiers de la routine et des nuages de la rêverie (1).

Félicitons-nous de cette disposition de notre esprit. Elle est, pour le jurisconsulte, un gage d'alliance entre la science et les faits, l'école et le palais, le Droit et la Jurisprudence.

Droit et Jurisprudence! Quelles sont les règles qui président à la fondation de l'un, et aux manifestations de l'autre? Je vais tenter, messieurs, d'en tracer le curieux parallèle, d'en suivre les transformations dans le passé, de les rapprocher et de les comparer dans le présent.

Question immense et redoutable, surtout pour ma faiblesse. Mais ne m'avez-vous pas souvent appris que nous pouvions beaucoup oser, parce qu'il nous est tou-

---

(1) Horace, *Art. poét.*, v. 229, 230, p. 375, *in fine*, édit. Amar, 1821.

jours permis de beaucoup espérer en cette bienveillance affectueuse et fraternelle, dont j'ai déjà reçu de si précieux témoignages, et qui, j'en suis convaincu, ne me manquera pas davantage aujourd'hui.

Puis, laissez-moi vous le dire. En me livrant à cette investigation historique ; en interrogeant, sur l'importance de la mission du magistrat, et les temps qui nous ont précédés, et l'époque actuelle, j'étais soutenu et encouragé par un sentiment de reconnaissance. Comment, en effet, ma pensée ne se serait-elle pas reportée, à chaque moment, vers ces maîtres de l'art, dont j'ai été et suis encore le disciple (1)? Pourquoi faut-il que l'hommage profond de ma gratitude ne puisse plus être entendu, ici-bas, par celui sur lequel la tombe vient de se fermer à peine (2), comme je l'adresse, dans tous les élans de mon cœur, à celui qui nous a été conservé !

C'est pour moi, messieurs, un grand bonheur, que le Conseil de notre Ordre ait bien voulu me confier un travail, qu'il m'était possible d'associer à un pieux souvenir, et de placer sous un paternel patronage. Me permettra-t-il de lui en exprimer, comme à notre digne bâtonnier, mes sincères et vifs remercîments?

La séparation du pouvoir législatif et de l'autorité judiciaire (3) est une conquête des temps modernes. Montesquieu (4) en avait deviné les bienfaits ; mais de longues

---

(1) MM. Dalloz, auteurs du *Répertoire de législation, de doctrine et de jurisprudence.*

(2) M. Armand Dalloz.

(3) Proclamée par les lois des 16-24 août 1790, et 16 fruct. an III.

(4) *Esprit des Lois*, liv. XI, ch. 6.

années devaient s'écouler encore, avant qu'elle se réalisât au sein d'une Révolution qui a enfanté de bien autres prodiges.

Je ne veux pas demander à une antiquité trop reculée la part qui revient au législateur et au juge, dans la formation du droit et de la législation. Je ne remonterai pas jusqu'à Moïse, cet écho de la parole divine, reçue au milieu des flammes du Sinaï, et dont le dépôt fut si bien gardé, que le peuple juif l'a toujours conservé intact, malgré son mélange continuel avec les autres nations (1).

Je ne vous parlerai pas davantage de l'Inde, dont les lois ont été mises en concordance avec le Code Napoléon, dans un article publié, il y a quelques années, par une de nos revues (2).

Je ne m'arrêterai pas même à la Grèce, où la jurisprudence, mêlée à la philosophie et à l'art oratoire, n'était point l'objet d'une étude particulière. J'y admirerais, sans doute, la sagesse des lois de Solon, la vigueur des lois de Lycurgue ; mais je chercherais vainement un jurisconsulte parmi les rhéteurs de la légère et insouciante Athènes, ou chez ces guerriers de la république de Sparte, dont la personnalité s'absorbait dans un patriotisme jaloux. Je ne réussirais à y trouver que des praticiens, πραγματικοί, renseignant les orateurs, sur les lois et jugements, moyennant un modique salaire, et songeant

---

(1) Sur l'éternité de la loi juive, V. ce que dit Pascal, *Pensées*, ch. XV. Quant à l'origine divine des législations primitives, V. Vico, *Science nouv.*, traduct. de M. Michelet, p. 34, et M. Troplong, *Rev. de lég.*, mai 1848, p. 132.

(2) Article de M. Gibelin, procureur général près la Cour de Pondichéry, *Rev. de lég.*, mai 1844, p. 53. V. aussi la publication faite, à la même époque, sur le *Droit hindou*, par M. Orianne, conseiller à la même Cour, et l'Introduction de M. Michelet à ses *Origines du droit français*.

beaucoup moins à la vérité et à la justice, qu'à l'intérêt particulier de chaque cause (1).

J'ai hâte d'arriver à ce peuple-roi, qui, par l'habile mécanisme de son organisation législative et judiciaire, a su donner au monde ancien un corps de préceptes, que se sont appropriés la plupart des nations modernes.

A Rome, le pouvoir judiciaire concourt avec une singulière énergie à l'établissement progressif de la législation. La loi des Douze Tables pose quelques principes, qui doivent surtout sauvegarder la constitution politique de la cité. Elle circonscrit dans des règles faites exclusivement pour les Romains, la division des personnes, le gouvernement de la famille, la condition de la propriété, ses modes de transmission, la formation des contrats et la procédure; puis le législateur disparaît; et cette loi primitive, véritable charte constitutionnelle, survivra, plus heureuse que d'autres, à toutes les révolutions politiques et sociales dont Rome a été le théâtre.

Mais, si le culte de la loi des Douze Tables doit se perpétuer, il faudra que cette loi se mette en harmonie avec les besoins nouveaux de la république s'humanisant au contact des peuples vaincus. L'invasion du droit des gens brisera l'unité absolue du pacte fondamental; l'équité fera entendre sa voix et imposera ses arrêts.

Quel en sera l'interprète? C'est ici, messieurs, qu'apparaît, dans toute sa puissance, cette organisation judiciaire à laquelle sont confiées les destinées du droit romain. Les anciens n'avaient point conçu l'idée d'une

(1) V. à ce sujet, Vico, *op. cit.*, p. 175, et ce que dit Cicéron, *Dialogues, de oratore*, 1, 45.

assemblée représentative, et moins encore, celle d'un pouvoir législatif permanent. Chaque citoyen avait la garde de ses droits et de sa liberté, dans ces comices où se décidaient la paix et la guerre, et où s'agitaient les grandes questions qui touchaient directement aux intérêts généraux du pays. Le législateur ne s'occupe du droit privé qu'à de rares intervalles.

Il peut s'abstenir, car, auprès de lui, se trouve un magistrat qui, dans l'application quotidienne de la loi, en reconnaît les lacunes, en constate l'insuffisance, et en mesure la rigueur. A ce magistrat, dépositaire du droit primitif de la cité, le soin de le compléter, de le fortifier et de l'adoucir; à lui, la mission civilisatrice de délivrer au Droit humain ses lettres de naturalisation !

Ainsi naîtra, dans le sanctuaire même de la JUSTICE, cette jurisprudence prétorienne qui, inscrite annuellement sur l'album du prêteur, jusqu'à ce qu'elle se formule définitivement dans l'édit perpétuel, est devenu l'élément le plus considérable de la législation romaine.

Les jurisconsultes secondent à merveille le prêteur romain. Ils réunissaient à la connaissance approfondie du droit l'art de l'appliquer à chaque cause (1). Cicéron, qui devait regretter les railleries plus spirituelles que vraies, dont il avait semé sa plaidoirie *Pro Murena*, fait, de ces grandes lumières du droit, un portrait que je ne puis m'empêcher de vous rappeler : « Quel sort, dit-il, au-dessus de celui d'un vieillard qui, après avoir été honoré des dignités de la république, peut dire de lui-

---

(1) « Le jurisconsulte romain, dit Vico, *op. cit.*, p. 175, était tout à la fois le philosophe, le légiste et l'orateur des Grecs. »

même, ce que, chez le poëte Ennius, Apollon Pythéen dit de son oracle, qu'il est le conseil, sinon des peuples et des rois, du moins de tous ses concitoyens (1). » C'est bien là, messieurs, ce grave personnage, dont la maison, assiégée par de nombreux clients, avant le chant du coq (2), est l'oracle de toute la cité, *oraculum totius civitatis;* et je comprends l'indignation de Quintus Mucius reprochant à un patricien de son temps, comme une chose honteuse, d'ignorer la jurisprudence de son pays (3).

Séparons-nous de ces mâles figures, de ces vigoureux hommes de droit, investis, sous Auguste, d'une véritable fonction législative, par l'édit qui soumet à l'autorisation du prince le droit de faire des réponses obligatoires (4).

La philosophie stoïcienne, dont Cicéron est le précurseur, prépare les jurisconsultes de l'empire. Les immortels travaux des Papinien, des Paul, des Ulpien, attestent la puissance de la raison humaine, qui arrive à sa plus haute perfection, au milieu de sombres tragédies et d'ignominieux scandales, que les vertus des Antonins ne peuvent faire oublier. Plus tard, l'influence du christianisme, si éloquemment retracée par un de nos grands magistrats (5), achève ce que, dans son mépris de l'humanité, le stoïcisme n'a pu accomplir; et nous sommes ainsi conduits à la *Compilation Justinienne*, qui coordonne, dans un vaste ensemble, tous les monuments de la

---

(1) Cicéron, *Dial., de oratore*, I, 45.

(2) Agricolam laudat juris legumque peritus,
Sub galli cantum consultor ubi ostia pulsat.
(HORACE, satire Ire, liv. Ier, p. 213, édit. Amar, 1821.)

(3) L. 2, au Dig. *De orig. et progress. jur.*, § 43.

(4) Gaius, *Comm.*, I, § 7.

(5) M. Troplong, *De l'influence du Christianisme sur le Droit civil des Romains*.

législation dont nous venons de reconnaître la source à la fois JUDICIAIRE et doctrinale.

Le recueil de Justinien reste étranger à la Gaule romaine. Lors de la rédaction de ce recueil, l'empire d'Occident n'existe plus. La Gaule est, depuis un siècle, sous la domination des Francs, des Bourguignons et des Wisigoths. La civilisation de Rome va-t-elle périr? Sa législation, qui en est l'expression la plus éclatante, sera-t-elle étouffée sous la pression des barbares, et par l'action destructive de leurs mœurs et de leurs lois? La Providence ne permet pas, messieurs, que les conquêtes de l'homme soient ainsi, à un jour donné, frappées d'anéantissement. Le présent est gros de l'avenir, a dit un célèbre orateur; il est donc né du passé. La marche constamment progressive de l'homme vers ses destinées inconnues peut être retardée; mais l'humanité ne rétrograde jamais, et les grandes catastrophes qui semblent la détourner de sa route, ne font, au contraire, que retremper ses forces, et ouvrir des voies nouvelles et plus sûres à ses aspirations purifiées et rajeunies!

Les lois romaines résistent à l'invasion. Fixées dans le *Bréviaire d'Alaric*, chez les Wisigoths, dans le *Papien*, chez les Bourguignons, enseignées au XIIe siècle par les écoles de Bologne, de Toulouse et de Montpellier, qui propagent la connaissance des Pandectes dont la découverte d'un savant vient de doter l'Italie, elles régiront, jusqu'en 1789, le midi de la France auquel elles donneront la dénomination de *pays de Droit écrit* (1).

---

(1) Sur la renaissance du droit romain en Italie et en France, V. M. Laferrière, t. IV, p. 273.

Si nous passons au nord, où le droit romain a moins pénétré, le spectacle de la législation change. Là, dominent les lois barbares des Francs saliens et des Ripuaires. Elles sont complétées, durant les deux premières races, par les diplômes des rois, les formules de Marculfe, et les Capitulaires de Charlemagne et de Louis le Débonnaire (1).

Pendant la période que nous venons d'esquisser rapidement, nous sommes loin des institutions judiciaires de Rome. La justice est rendue, sous la présidence des comtes et des centeniers, par des assemblées d'hommes libres, que Charlemagne remplace par des scabins, plus exacts à remplir leurs devoirs de juges (2).

Ce n'est pas dans ces assemblées, ni chez les scabins de Charlemagne, que nous chercherons la marche de la jurisprudence. Il se fait une longue halte ; et j'aimerais en trouver la raison dans les paroles que le chancelier L'Hospital adressait aux parlements de son temps, en leur reprochant l'amour de la chicane, et surtout des épices : « Le moindre exercice de nos pères, disait-il, était de plaider... Il fault croire qu'ils vivaient en une si grande rondeur et simplicité, qu'il n'y avait comme point de procez et différends entr'eux ; et le plus certain argument de cela, est le peu de judges qu'ils avaient pour vuider leurs procez (3). »

Je crains fort que le docte chancelier, trop plein du souvenir d'Horace, n'ait pas assez résisté au désir de faire honte à son siècle des vertus exemplaires des siècles précédents. A l'époque où nous sommes arrivés, on avait

---

(1) V. sur cette période, les savants travaux de Klimrath, t. I, p. 166, et de M. Laferrière, t. IV, p. 72 et suiv.

(2) Henri Martin, *Hist. de France*, t. II, p. 276.

(3) L'Hospital, *Réformat. de la justice*, t. I, p. 246, 313, édit. 1825.

de bien autres soucis que ceux d'une bonne et sage administration de la justice. Il fallait se conserver contre les invasions répétées qui désolaient le pays, et contre les désordres intérieurs que la main puissante de Charlemagne n'avait comprimés qu'un instant; il fallait, avant tout, trancher cette terrible question de vie et de mort, dont les peuples, qui voulaient vivre à tout prix, allèrent, par un remède héroïque, chercher la solution dans les bras de la féodalité.

La justice devient alors patrimoniale. Tous les intérêts privés se groupent autour du manoir féodal; le droit, empreint jusque-là d'un caractère de *personnalité*, qui le faisait varier avec la nationalité des personnes, revêt un caractère *réel*, sous l'influence duquel il se fractionne avec le territoire où il est circonscrit. La distinction des *pays de Coutumes* et des *pays de Droit écrit* se consolide définitivement (1).

Quel est le rôle du juge ainsi placé en présence de la COUTUME? Le droit est dans ses mains; il le constate et le crée. Les décisions judiciaires déclarent notoires les coutumes établies, et sont elles-mêmes la source de nouvelles coutumes. Comme à Rome, le Droit naît encore de la *Jurisprudence*.

Toutefois, n'exagérons pas l'analogie. J'ai beaucoup moins de respect, je l'avoue, pour ce juge féodal, organe d'une coutume incertaine, et esclave docile du seigneur au nom duquel il rend la justice, que pour ce préteur

---

(1) V. sur les monumens législatifs de l'époque féodale Klimrath, t. I, p. 168, et sur le passage de la *personnalité* des lois à la *réalité* des coutumes locales, l'*Histoire du droit français*, de M. Laferrière, t. III, p. 484. Quant à l'origine des *pays de Droit écrit*, V. également ce dernier auteur, t. IV, p. 356.

romain, qui n'était que la grande voix de l'équité, *vox æquitatis*, quand il usait du pouvoir de DIRE LE DROIT.

Aussi, le besoin de préciser la coutume se fait-il promptement sentir. Les légistes devancent l'autorité royale qui n'ose pas intervenir, et qui ne réussira que bien lentement, lorsqu'elle sera plus hardie, à faire dresser des recueils officiels, que jamais elle ne complétera.

C'est une histoire curieuse que celle de la lutte engagée contre le pouvoir judiciaire de la féodalité, par les jurisconsultes dont les travaux ont préparé la rédaction officielle des coutumes. Le temps ne nous permet pas d'en reprendre les phases diverses, et de suivre, dans ses détails, cette rédaction, *qui doit simplifier les procès.* Ordonnée par Charles VII et par Louis XI, réglée par Charles VIII, à peine commencée sous Louis XII, continuée sous François Ier, Henri II et Charles IX, elle s'arrête sous Henri III, qui voit les dernières assemblées locales des États, où la coutume se discutait, et auxquelles ne manquait pas un seul homme du *tiers* (1).

Bornons-nous à constater ces premiers efforts de nos rois vers une législation régulière et certaine. Le droit coutumier est, d'ailleurs, en bonne fortune. Il se fixe, se développe et se généralise sous la plume savante de Dumoulin (2), en même temps que, dans un camp rival,

---

(1) Sur les travaux de rédaction et de réformation des coutumes, on peut consulter, avec fruit, un article de M. Hippolyte Durand, *Rev. de dr. fr.*, déc. 1849, p. 995, et avril 1850, p. 250. V. aussi Klimrath, t. II, p. 136 et suiv.

(2) L'influence de Dumoulin sur la législation de son temps a été caractérisée et développée avec beaucoup de science par M. Aubépin, docteur en droit, dans plusieurs articles publiés par la *Revue crit. de jur.*, t. III, p. 603 et suiv., 778 et suiv. ; t. IV, p. 27 et suiv., 261 et suiv.; t. V, p. 32 et suiv., 305 et suiv.

Cujas et Doneau dissipent les ténèbres que les glossateurs, si cruellement déchirés par la mordante ironie de Rabelais, ont faites *autour du droit de Justinien* (1).

Quelle situation les *coutumes rédigées* laissent-elles au juge, et, d'abord, qu'est devenu le pouvoir judiciaire, pendant le travail législatif auquel nous venons d'assister? Le combat livré par les hommes du roi aux juridictions féodales, a porté ses fruits. Louis IX ne se contentera plus d'aller en personne « s'esbattre au bois de Vincennes, » pour rendre la justice, » sans ministère d'advocats ny procureurs (2). » A ses côtés, nous trouvons le *Parloir du roi*, composé bientôt par les seuls légistes, et qui deviendra sédentaire, quand on lui aura construit, en l'île de Paris, ce palais royal destiné à servir » de logis aux rois, comme de siége à la justice » (3). Ainsi s'établissent en France, ces parlements qui, nés au pied du chêne de saint Louis, et créés successivement à Paris, à Rouen, à Troyes, à Toulouse et à Aix, vont, de concert avec les grands bailliages, porter de si rudes coups aux juges féodaux, par l'institution des appels et des *cas royaux*.

Nous abordons ici, messieurs, la période la plus importante de la jurisprudence française. Les parlements s'offrent à nous sous le double aspect d'un *Corps politique* et d'un *Corps judiciaire*.

L'existence politique des parlements doit rester étrangère à notre sujet. Non pas que nous n'ayons été tenté de vous redire quelques-unes des pages de son histoire.

---

(1) *Pantagruel*, liv. II, ch. 5, p. 113, 131, édit. Charpentier, 1845.
(2) L'Hospital, *Réformat. de la justice*, t. I, p. 248.
(3) L'Hospital, *eod.*, t. I, p. 251 ; t. II, p. 359.

Nous aimerions, si les limites imposées à ce travail n'y faisaient point obstacle, retracer les actions héroïques des chefs de cette grande magistrature, soit que la sédition vienne l'arracher de son siége, soit que le despotisme royal veuille la contraindre à s'associer à des mesures iniques ou vexatoires. Détournant nos regards de tristes défaillances (1), nous accompagnerions le magistrat, dans les exils, noblement acceptés, qui, vers les derniers temps de la monarchie, suspendirent trop souvent le cours de la justice. Enfin, nous n'assisterions pas sans quelque émotion, à cette séance suprême du parlement (2), où, par un jeu de mots qui eût effrayé son auteur, s'il en eût pressenti les suites, fut jeté, tout à coup, en réponse à une demande d'*états de finances*, le fameux cri d'*États généraux* (3), cri dont notre société moderne sera le retentissant écho!

Mais, quel que soit l'attrait d'une semblable étude, il faut savoir nous borner. Notre devoir est de vous entretenir de la jurisprudence, et non pas des agitations politiques des parlements. L'appréciation du rôle de l'autorité judiciaire, sous l'ancienne monarchie, renferme, d'ailleurs, d'assez précieux enseignements, pour que nous n'ayons point à en chercher d'autres, dans cette sphère pleine de troubles et de passions, qui ne convient ni au calme ni à l'impartialité de la justice.

C'est à dater de l'établissement des parlements que la jurisprudence commence véritablement à se fonder

---

(1) Comment pourrions-nous, par exemple, parler sans indignation de l'arrêt fanatique du parlement de Paris qui ordonnait la célébration de l'anniversaire de la journée de la Saint-Barthélemy? Empressons-nous d'ajouter que cet arrêt n'a jamais été exécuté. V. Henri Martin, *Hist. de France*, t. IX, p. 335.

(2) Mis, quelques mois après, en *vacances indéfinies*, par décret du 3 nov. 1789.

(3) Thiers, *Révolut. française*, t. I, liv. I, p. 13, édit. de Furne, 1856.

en France, et que les traditions judiciaires se perpétuent. Les coutumes rédigées ne sont pas le dernier mot de la législation. Les arrêts de règlement en élargissent le cercle. Sortes d'édits prétoriens, nés de chaque affaire, et rendus *consultis classibus*, ils régissent l'avenir aussi bien que le passé. Ils concourent à l'œuvre législative, en sanctionnant définitivement les points de droit qu'une longue série d'arrêts à consacrés. Ils sont le complément du droit coutumier, et la source des ordonnances de nos rois, qui y puiseront leurs principales dispositions.

Les ordonnances royales tombent elles-mêmes sous le contrôle du pouvoir parlementaire. Elles ne sont obligatoires, dans le ressort de chaque cour de justice, qu'après y avoir été enregistrées. Et ce n'est pas là une vaine formalité. Précédée, dans les pays d'État, du vote de l'assemblée provinciale, elle est souvent accompagnée de l'exercice du droit de remontrance. Ce droit est précieux aux parlements, et les traces s'en retrouvent jusque dans la formule de l'enregistrement, quand les rois brisent les résistances de leurs cours souveraines, par l'imposant appareil de ces *Lits de Justice* qui ne font que donner de l'éclat à des luttes affligeantes, où les pouvoirs en conflit perdent toujours une portion de leur prestige et de leur dignité. Déplorables effets de la confusion des pouvoirs législatif et judiciaire! L'omnipotence parlementaire, aux prises avec les prérogatives non moins absolues de la royauté, s'exerce dans une région si mal dessinée, que parlements et rois échappent également au reproche d'usurpation (1).

---

(1) L'ordonnance de 1667 ne laissa plus aux magistrats que le droit de remontrance *après l'enregistrement*. Mais, le droit de remontrance avant l'enre-

Combien nous aimons mieux l'indépendance d'action de ces préteurs romains, dont les édits, paisiblement maintenus ou révoqués, lors du renouvellement annuel de chaque préture, sont venus se résumer dans ces préceptes de droit universel et de *Raison écrite*, où se fortifie elle-même la jurisprudence parlementaire.

Dans l'appréciation du caractère de cette jurisprudence, je voudrais n'avoir à regretter que les périls auxquels l'expose l'intervention violente du pouvoir royal. Je voudrais taire d'étranges abus, si, à une certaine époque, l'autorité morale des décisions du parlement n'en avait été profondément ébranlée.

Contraste bizarre. En même temps que les cours souveraines sont élevées à la hauteur d'une magistrature politique, la fonction du juge descend à la condition d'une propriété privée. Sous François Ier, s'établit la vénalité des offices de judicature (1), entretenue et fixée, sous Henri IV, par l'institution de la *Paulette* (2). La justice, « cette vierge pure et chaste, non pas seulement de corps mais de mains (3), » est salariée par les justiciables, sous le nom d'*épices*.

Ces vices qui affectent l'institution des parlements, ont leur désolante logique. Le juge se prend bientôt d'amour pour le nombre et la multitude des procès « dont il tire profict (4). » Il laisse grandir les progrès croissants de

---

gistrement fut rétabli en 1715, année de la mort de Louis XIV, et les parlements furent ainsi rappelés à la vie politique. V. sur ces points d'Aguesseau, t. V, p. 571, et Voltaire, *Siècle de Louis XIV*, t. II, p. 79.

(1) Ord. du chancelier Duprat de 1522. V. Merlin, *Rép.* v°. *Office*, n° 1er.

(2) V. Merlin, *eod.*

(3) L'Hospital, *Harangues*, t. II, p. 70, édit. de 1824.

(4) L'Hospital, *Réformat. de la justice*, t. I, p. 250.

la chicane que ne peut conjurer, sous Henri III, l'assemblée des notables de Blois (1). De toutes parts, éclatent des conflits de juridiction, qui témoignent de l'ardeur de la concurrence judiciaire. Dans le même parlement, les chambres luttent entre elles, et L'Hospital leur rappelle en vain « qu'elles ne font qu'ung corps, et que si les membres se gastent, ou les humeurs se meslent, il n'y aura santé au corps (2). » Enfin, un autre désordre doit nous toucher davantage, car il intéresse directement notre sujet. François Ier a prescrit que les arrêts des parlements fussent rédigés en français. Soin superflu. Le peuple « crie tout hault, et demande des arrêts chastiez, » à la place de ces décisions inintelligibles « où sophistes, subtiliseurs, et chicaneurs » trouvent si facilement « à mordre (3). »

La jurisprudence parlementaire est-elle donc frappée d'inertie, et verrions-nous se réaliser, pour elle, la prédiction que L'Hospital adressait à toutes les choses de son siècle, lorsque, passant tristement la main sur sa barbe blanche, il disait, un peu orgueilleusement, peut-être : « Quand cette neige sera fondue, il ne restera plus que de la boue (4) ! »

Grâce à Dieu, messieurs, nous avons mieux que ce que nous annonçait le chancelier L'Hospital. Sous l'influence

---

(1) Henri Martin, *Hist. de France*, t. VII, p. 309

(2) L'Hospital, *Harangues*, t. II, p. 133.

(3) L'Hospital, *Réformat. de la justice*, t. II, p. 302. Dans l'épître Ire du liv. II, de ses *Poésies latines*, épître adressée à Jacques du Faur, président aux enquêtes du parlement de Paris, L'Hospital lance l'anathème le plus vif contre les procès. La pièce est curieuse. Elle se trouve, p. 85, au recueil des *Poésies latines* de l'illustre chancelier, traduites fort élégamment par notre confrère et ami M. Bandy de Nalèche.

L'épître Ire du liv. I, écrite à François Olivier, chancelier de France, et prédécesseur de L'Hospital, n'est pas moins piquante. (V. *eod.*, p. 7.)

(4) Henri Martin, *Hist. de France*, t. IX, p. 201.

des travaux des la Thaumassière, Louet et Brodeau, Henrys et Bretonnier, la jurisprudence, durant les XVIIe et XVIIIe siècles, tend à devenir, sinon profonde, du moins lucide et facile. Les arrêtistes ne s'attachent plus exclusivement à compiler les décisions judiciaires; ils en généralisent les solutions, en dégagent des principes de doctrine, et s'efforcent de les maintenir dans une voie uniforme.

D'Aguesseau rappellera bien encore aux magistrats de son temps, la sévérité des mœurs de leurs ancêtres (1), en leur reprochant la dissipation, la mollesse et la légèreté qu'ils apportent dans l'accomplissement de leur ministère de juge, *ministère qu'on a défini quand on définit la justice* (2). Il protestera énergiquement contre la science facile de ceux qui, ne s'attachant qu'aux lueurs incertaines d'une équité apparente (3), rendent des jugements que dictent quelquefois le hasard, et presque toujours le tempérament (4). Mais nous n'en sommes pas moins en possession d'un ensemble de règles, que les tribunaux consacrent, que la doctrine réunit, et qui, mises en œuvre par Lamoignon et d'Aguesseau, serviront de base aux belles ordonnances des règnes de Louis XIV et de Louis XV.

Et pourtant, stériles efforts vers l'unité de législation ! Tous les vœux y aspirent. Depuis longtemps, des tentatives sont faites pour l'obtenir. Louis IX voulait embrasser d ns

---

(1) D'Aguesseau, t. I, p. 103, *Mœurs du magistrat.*
(2) D'Aguesseau, t. I, p. 27, *de la Connaissance de l'homme.*
(3) Bretonnier sur Henrys, t. II, p. 253, n° 8.
(4) D'Aguesseau, t. I, p. 115, *de l'Esprit et de la Science.*

ses Établissements, l'universalité des matières civiles. Dumoulin jetait les fondements d'un droit français uniforme, en annotant toutes les coutumes de France. L'Hospital s'écriait, dans son style imagé : « Puisque je suis plié sous le poids des ans, qu'il me soit permis d'assigner une place aux lois auparavant dispersées et confuses, et d'en former comme un seul corps cohésionné par la chaux et le ciment (1). » Colbert, Lamoignon, d'Aguesseau, proclamaient les mêmes besoins, et s'associaient aux mêmes espérances. Mais tous ces essais n'aboutissent qu'à la *lumière vacillante* (2) des ordonnances de l'Hospital (3), à la compilation du Code Henri (4), et aux ordonnances de Louis XIV (5) et de Louis XV (6), c'est-à-dire à la codification de quelques matières du droit. Et encore se borne-t-on, dans les préambules de ces ordonnances, à annoncer qu'elles sont rendues pour faire cesser certaines

---

(1) *Poésies latines*, liv. I, épître Ire, traduction de M. Bandy de Nalèche, p. 12.

(2) Portalis, *Travaux inédits sur le Code civil*, p. 298.

(3) L'édit de *Romorantin* (1560), qui sauva la France de l'établissement de l'inquisition ; — l'édit des *Secondes noces* (1560) ; — l'édit de *Roussillon* (janv. 1563), qui a fixé au 1er janvier l'ouverture de l'année, jusqu'alors placée au jour de Pâques ; — l'édit de *Moulins* (1566), pour la réformation de la justice ; — l'ord. de Blois, sur l'établissement des *tribunaux de commerce* (nov. 1563) ; — et surtout l'ordonnance d'*Orléans* (1560), code à la fois administratif, judiciaire et religieux.

(4) *Code de Barnabé Brisson*, de 1587. M. le président Nicias Gaillard a publié, *Rev. cr.*, janv. 1854, p. 45, un article fort attachant, sur Barnabé Brisson. — Quant au Code Henri, les dispositions en sont étudiées, d'une manière complète, dans un article de M. Jules Minier, même *Revue*, mars 1855, p. 309.

(5) Ord. sur la *Procédure civile* de 1667 ; — sur la *Procédure criminelle*, de 1670 ; — des *Eaux et forêts*, de 1669 ; — des *Hypothèques*, de 1673 ; — du *Commerce*, de 1673 ; — de la *Marine*, de 1681 ; — sur l'*Administration des biens des communes*, de 1683.

(6) Ord. sur les *Donations*, de 1731 ; — sur les *Testaments*, de 1735 ; — sur les *Substitutions*, de 1747.

controverses de jurisprudence (1), et ne s'y élève-t-on que rarement aux principes eux-mêmes, éclairés par la lumière de la raison.

Le désordre des lois n'a donc pas disparu. Le grand problème de l'unité de législation s'est brisé contre l'attachement des peuples à des coutumes qu'ils regardent comme des priviléges, contre la résistance des Cours souveraines, et surtout contre les distinctions sociales et politiques qui divisent les personnes, les propriétés, et jusqu'aux enfants nés à l'ombre du même foyer. Dans cette société sans régulateur, la confusion est partout, et, aux derniers jours de la monarchie, l'avocat général Servan en résumait le tableau avec une remarquable énergie : « Nous avons, dit-il, des lois sur des lois, des lois contre des lois, des lois sans objet, et beaucoup plus d'objets sans lois, nous avons des lois inutiles, des lois insuffisantes, des lois oubliées, des lois contradictoires, des lois dangereuses, des lois impossibles (2). »

Du chaos où se trouve plongée la législation, il faut que la lumière sorte. Domat, en classant les lois en lois immuables et lois arbitraires, les a délivrées de l'étreinte des faits sociaux. Plus tard, l'esprit clair et méthodique de Pothier vulgarise la science du droit, dont, avant lui, Montesquieu avait recherché les

---

(1) V. les lettres de d'Aguesseau rapportées t. IX, p. 360, 401, 407, 416, etc. V. aussi M. Laferrière, *Hist. du dr. Fr.*, 1re édit., t. I, p. 472 et suiv.

(2) Discours sur « l'état actuel des connaissances humaines en général, et celui de la morale et de la législation en particulier », prononcé en 1781, devant l'Académie de Lyon. *Œuvres choisies* de Servan, ancien avocat général au parlement de Grenoble, t. II, p. 223, édit. de Liége, 1819. — V. aussi ce que dit, au même sujet, Voltaire, *Siècle de Louis XIV*, t. III, p. 370.

principes générateurs, en interrogeant, dans sa merveilleuse revue législative, les législateurs de tous les temps et de tous les mondes. La théorie, la pratique et l'histoire offrent, à l'envi, leur coopération à l'édification du droit moderne. La philosophie du XVIIIe siècle anime, de son souffle nouveau, les artisans de ce grand travail. Une révolution assez puissante et assez résolue pour vaincre toutes les résistances du passé, va l'accomplir. Elle ouvre une phase nouvelle à la législation et à la jurisprudence. Cette phase est la nôtre, messieurs. Nous lui devons à ce titre nos plus sérieuses méditations.

L'époque est enfin arrivée où une législation unique peut être donnée à la France. Jusqu'ici le DROIT a subi l'empire du FAIT, et en a emprunté le caractère fatal et varié. La législation reposera désormais sur une base philosophique ; la CODIFICATION en sera la forme extérieure. Tâchons de nous pénétrer des effets de cette transformation radicale de notre droit, et du rôle qu'elle réserve à la jurisprudence. Ainsi se complétera le tableau parallèle, dont je me suis constamment attaché à dessiner les traits, dans tout le cours de ce récit.

La monarchie renversée, la société ancienne détruite, l'édifice de la législation civile paraît d'abord devoir être d'autant plus solide, qu'au lieu d'être « bâti sur le sable mouvant des systèmes, il s'élèvera sur la terre ferme des lois de la nature, et sur le sol vierge de la République (1). » Les théories philosophiques

---

(1) Rapport sur le projet de Code civil, lu par Cambacérès à la Convention, au nom du comité de législation, dans la séance du 9 août 1793. (Fenet, *Trav. préparat. sur le Code civil*)

ne feront pas défaut à cette genèse nouvelle. Il se rencontrera certainement des esprits pour lesquels la vie civile repose, non sur un sol vierge, mais sur un sol cultivé, dont il n'est ni permis ni sage de déraciner à la fois tous les fruits. On leur répondra, avec Épicure, Machiavel, Spinosa, Hobbes, Bayle et d'autres, que le principe de toute législation est dans la *force;* ou, avec Bentham, qu'il est dans l'*utilité;* ou enfin, par la théorie du *Contrat social*, plus satisfaisante pour l'esprit, mais non moins dangereuse, peut-être, dans ses résultats.

Le législateur est à l'aise, au milieu de ces principes. Aussi, dès le début, la réaction contre le passé ne garde-t-elle aucune mesure. Au nom de la liberté individuelle, le divorce par simple consentement mutuel, ou même par la volonté d'un seul des époux, *et sans qu'il soit besoin d'alléguer de motifs*, est introduit dans la législation (1); au nom de la nature, les bâtards sont assimilés aux enfants légitimes (2); au nom de la dignité humaine, la puissance maritale et la puissance paternelle sont brisées (3); enfin, au nom de l'égalité, nulle disposition à titre gratuit n'est permise en faveur de la ligne directe (4), et plus tard de la ligne collatérale (5). Ces principes, que divers décrets consacrent, et que les

---

(1) Projet Cambacérès, liv. 1, tit. 1, art. 6. Le décret du 20 sept. 1792 avait déjà introduit le divorce par simple consentement mutuel.

(2) *Eod.*, liv. I, tit. 4, des Enfants, art. 17; liv. II, tit. 3, des Successions, art. 42. — V. aussi Décr. 12 brum. an II.

(3) *Eod.*, liv. I, tit. 3, droits des époux, art. 11; liv. I, tit. 5, rapports envers les pères et les enfants, art. 1er.

(4) *Eod*, liv. II, tit. 3, art. 24. V. aussi décret du 7 mars 1793.

(5) L. 17, niv. an II.

premiers projets du Code reproduisent, attestent bien, en effet, la virginité de la République, et la résolution, chez ses fondateurs, de rejeter toute alliance avec les institutions, même purement civiles, du passé.

La croyance, généreuse, sans doute, à l'avénement d'un monde nouveau, n'a pas été et ne pouvait pas être de longue durée. Refaire son entière existence, c'est tenter l'impossible. Des principes féconds viennent de prendre place au sein de la société. L'égalité devant la loi, la séparation des lois civiles et des idées religieuses; la protection de la liberté individuelle; l'inviolabilité de la propriété, voilà, dans l'ordre civil, les bienfaits de la révolution. Tout emprunt fait au passé, qui en gênerait le libre développement, doit être énergiquement repoussé. Mais il est de certaines vérités rationnelles que l'âme nous révèle, que nos pères ont respectées et pratiquées, et dont le législateur lui-même n'a pas le droit de répudier l'héritage. La loi est soumise à l'empire de la justice, cette distinction essentielle du bien et du mal, cette vérité première de la morale, dit admirablement M. Cousin (1). C'est là la vraie philosophie : celle de Cicéron, qui définit le droit un précepte de la droite raison, *recta via* (2), et se plaint de n'en avoir que l'ombre et l'image (3); celle de Montesquieu, qui considère les lois comme des rapports nécessaires dérivant de la nature des choses (4); celle de Descartes, celle de

(1) *Hist. de la philosophie moderne*, t. 2, p. 300, édit. Lagrange et Didier, 1846.

(2) *De rep.*, III, 27.

(3) *De officiis*, III, 17.

(4) *Esprit des lois*, t. I, p. 1.

Kant (1), aux yeux desquels une action est juste, quand elle peut être élevée à la dignité d'un principe de législation universelle (2); enfin, c'est la philosophie de la révolution de 1789 elle-même, lorsqu'elle proclame, par la bouche de son plus puissant interprète, la souveraineté de la RAISON (3).

Ne croyons donc pas que le législateur soit maître absolu de son œuvre, si, nous efforçant, à notre tour, de définir la justice, nous ne voulons pas railler, avec Montaigne et Pascal, cette justice qu'une montagne et une rivière bornent (4), qui ne trouve de salut qu'entre les bras de la force (5), qui n'est qu'une affaire de mode (6); et si, comme à d'Aguesseau, il nous répugne de croire que, « pour abattre l'orgueil des hommes, Dieu a pris plaisir à répandre la même confusion dans leurs lois que dans leurs langues (7). »

Les rédacteurs du Code Napoléon, lorsqu'ils écrivent,

---

(1) *Principes métaphysiques du droit*, traduct. fr., p. 35. — Sur la philosophie de Kant, V. les articles de MM. Tissot, *Rev. de dr. fr.*, janv. 1858, p. 67, et Paul Janet, *Revue crit.*, janv. 1855, p. 41. V. aussi M. Cousin, *Hist. de la philosophie moderne*, t. III, p. 12 et suiv.

(2) V. sur ce principe fondamental, L'Hospital, *Réformat. de la justice*, t. I, p. 60; Vico, *Science nouv.*, traduct. de M. Michelet, p. 180, 339; Laferrière, *Hist. du dr. franç.*, 1re édit., t. II, p. 510; 2e édit., t. II, p. 60; Cousin, *Hist. de la philosophie moderne*, t. I, p. 33, 87, 169, 196, 224, 263 et suiv., t. II. p. 339; ainsi que les articles de MM. Rigaut, juge supérieur à Wissembourg, *Rev. de dr. franç.*, sept. 1850, p. 625, et Thiercelin, *Journ. le Droit*, 9 et 17 nov. 1855; 18 janv., 24 juill. et 19 déc. 1856.

(3) Discours prononcé par Mirabeau, en sept. 1789, lors de l'hésitation du roi à sanctionner les décrets du 4 août.

(4) Montaigne, liv. II, ch. 12, p. 368, édit. Victor Lecou, 1855; Pascal, *Pensées*, ch. 4, § 4.

(5) Pascal, *eod.*, ch. 7, § 8.

(6) Pascal, *eod.*, ch. 7, § 5.

(7) D'Aguesseau, t. I, p. 114, *de l'Esprit et de la Science*.

en tête du magnifique Discours préliminaire, que les lois ne sont pas des actes de *puissance*, mais des actes de *sagesse*, de *justice* et de *raison* (1), annoncent hautement qu'ils ne se croient point investis de cette dangereuse omnipotence législative. Ils donnent la sanction de la loi aux principes issus de la révolution ; ils en consacrent les résultats ; mais, partout où ces principes se trouvent désintéressés, ils se montrent *sobres de nouveautés* (2), et, prenant pour guides Domat et Pothier, ils s'efforcent de concilier avec les lois nouvelles les règles de notre ancien droit. Le Code Napoléon se relie ainsi à la loi romaine, au droit coutumier et aux Ordonnances. Les nombreux emprunts faits à la jurisprudence parlementaire, par les auteurs de ces ordonnances, viennent, de la sorte, s'y réfléchir indirectement.

La révolution législative est consommée. L'œuvre de codification est accomplie. L'épreuve de la controverse ne lui manquera pas (3). Beaucoup se sentent mal à l'aise dans ce qu'ils appellent le fatalisme légal de nos codes. Le signal de la réaction, du retour à la coutume, à la jurisprudence législative, vient de l'Allemagne, où la question de codification prend toute l'importance d'une question de patriotisme, car on s'y demande si les pays allemands resteront courbés sous le

(1) Portalis, *Discours prélim.*, Locré, t. I, p. 254.

(2) Discours prélim., *loc. cit.*

(3) M. Thiers, *Hist. du Consul. et de l'Emp.*, t. III, p. 342, résume les attaques qui furent dirigées contre le Code Napoléon, lors de son apparition.

joug du droit romain, ou s'ils auront enfin une législation nationale.

Je ne veux pas insister sur cette grosse querelle, commencée, en Allemagne, entre l'école historique de M. de Savigny et l'école philosophique de M. Thibaut (1), reprise, chez nous, non sans une certaine aigreur, par M. Laboulaye et par M. Ledru Rollin (2), mais aujourd'hui entièrement apaisée.

Les codes se multiplient. On est, tous les jours, moins enclin à admirer ces *us* et *coutumes*, dont la glorieuse obscurité était annuellement fêtée, au temps de Bentham, par les légistes de la Grande-Bretagne ; et l'énergique apostrophe du publiciste anglais contre la loi commune de l'Angleterre (*common law*), « ce domaine couvert de chausses-trappes, opprobre et fléau des pays civilisés » (3), retentit toujours aux oreilles de ceux qui

---

(1) La question de la codification des lois a été l'objet de nombreux articles insérés dans nos revues. Qu'on nous permette de citer ici, à cause de l'importance théorique de cette question, les intéressantes dissertations d'un jurisconsulte russe, *Rev. étrang.*, t. IV, 1841, p. 409, 583, 671 ; et de MM. Mathieu Bodet, *Rev. de dr. fr.*, nov. 1844, p. 845 ; Laboulaye, *Rev. de lég.*, janv. 1845, p. 153 ; V. Chauffour, fév. 1846, p. 239 ; Dareste, *Rev. de lég.*, nov. 1847, p. 279 ; Bauter (sur le livre de M. Gaup intitulé : *de l'Avenir du droit allemand*), *Rev. de dr. fr.*, déc. 1847, p. 1001 ; juin 1848, p. 473 ; Pascal Duprat, *Rev. crit.*, oct. 1853, p. 889, note ; Bergson, oct. 1855, p. 474 ; et surtout celles de M. Gustave Bousset, oct. 1856, p. 324 ; avril 1857, p. 319 ; août 1857, p. 159.

La codification a été également appréciée par MM. Klimrath, *Trav. sur l'Hist. du dr. fr.*, t. I, p. 93 ; Laferrière, *Hist. du dr. fr.*, 1re édit., t. II, p. 538 ; Lherminier, *Rev. cr.*, août 1857, p. 187 ; Thiercelin, *Journ. le Droit*, 9 et 17 nov. 1855 ; et Portalis, *Trav. inéd. sur le Code civil*, p. 5.

(2) V. les lettres publiées *Rev. de lég.*, janv. 1845, p. 147. V. aussi l'introduction de M. Ledru Rollin, au *Rép. du Palais*.

(3) Bentham, *de la Codification*, sect. 6. — V. aussi sur les caractères de la législation anglaise, presque inaccessible aux étrangers, un article de M. Carey, avocat à Londres, *Rev. de dr. fr.*, oct. 1844, p. 790.

croient profondément que, sans législation certaine et stable, il ne saurait y avoir de véritable liberté civile.

Ne devrions-nous pas, cependant, au nom de la science et de la *Jurisprudence*, protester contre la codification des lois? Nos codes n'ont-ils pas tué l'une et l'autre, en fixant la lettre de la loi dans un texte écrit dont les qualités présumées sont la clarté et la précision ? Pourquoi remonter aux origines historiques et rationnelles du droit, si les tables inflexibles de la loi commandent, et ne laissent à la critique et à la liberté d'examen qu'un attrait purement spéculatif? L'histoire et la philosophie ne sont-elles pas bannies de ce nouveau domaine, où l'interprète, rassuré il est vrai contre les chausses-trappes dont parle Bentham, ne se livrera plus qu'à un simple exercice philologique, et où la sagacité du juge se concentrera dans la seule appréciation des faits et de leurs infinies variétés?

Si tels étaient, messieurs, les résultats de la codification, l'autorité qu'elle laisserait à la jurisprudence se distinguerait difficilement, en effet, de l'autorité de la loi. Le juge ne serait plus que la *vive voix* de textes législatifs, toujours prêts à trancher les questions de fait que son expérience et sa pénétration auraient éclaircies. Les décisions judiciaires, empreintes de la mobilité des espèces appréciées, bonnes uniquement pour les parties qui les auraient obtenues, resteraient, à bon droit, ensevelies dans la poussière des greffes; et la science, désormais étrangère à l'administration de la justice, se garderait bien d'y troubler leur paisible sommeil. Le juge n'ayant plus à statuer que sur des dissentiments de fait, le caractère juridique de sa mission s'effacerait; la mauvaise foi serait l'aliment le plus ordinaire des débats judiciaires, et on n'aurait plus qu'à se dire, avec la Bruyère : « Que deviendrait le pétitoire et le possessoire, et ce qu'on appelle jurisprudence, si les hommes étaient hommes plutôt qu'ours et panthères, s'ils se faisaient justice à eux-mêmes, et qu'ils la rendissent aux autres (1)? »

Mais, il s'en faut de beaucoup, que la codification de nos lois ait relégué la science du droit dans la sphère des sciences abstraites. La jurisprudence, qui est un des éléments de cette science, n'est pas condamnée à une servile et grammaticale exégèse; et si ses arrêts ne forment plus l'une des parties de la législation, si le pouvoir de statuer par voie générale et réglementaire a dû être enlevé aux juges, sous notre nouveau droit public, cependant, c'est toujours à eux que nous devrons demander, non pas seulement une solution pour chaque affaire, mais d'utiles et indispensables précédents. Ces précédents, en se multipliant, constitueront encore un ensemble précieux de décisions judiciaires, d'où sortira une véritable jurisprudence, celle que Portalis, aux regards duquel l'avenir de notre Code se dessinait avec une si admirable netteté, n'hésitait pas à appeler l'*auxiliaire* et le *complément obligé* de la législation (2).

Est-ce là une illusion de mon esprit? Ma prédilection pour les monuments de notre jurisprudence française m'en ferait-elle grossir, outre mesure, l'importance et

(1) La Bruyère, *Caractères*, des *jugements*, n° 11, p. 451, édit. Firmin Didot, 1852.

(2) *Discours prélimin.*, Locré, t. I, p. 259.

les services? Sans mériter le sort auquel les vouait le savant Hervé, qui eût voulu jeter au feu tous les recueils d'arrêts, parce qu'il n'y voyait qu'un secours perfide et un encouragement à la paresse (1), les jugements ne seraient-ils donc plus ces *anchoræ legum*, dont Bacon (2) recommande l'étude, précisément au sujet des recueils proscrits par Hervé avec tant de barbarie? Enfin, quand Voltaire déclarait préférer une sentence du Châtelet à toutes les théories philosophiques (3), n'était-ce là, sauf l'exagération de la forme, qu'une boutade du spirituel écrivain contre les livres sur les lois?

Ce qui me rassure, c'est que je retrouve la maxime de Bacon au frontispice de notre législation civile : « Il faut qu'il y ait une jurisprudence, lisons-nous dans le discours préliminaire de Portalis,...; on ne peut pas plus se passer de jurisprudence que de lois (4). »

On ne peut pas plus se passer de la jurisprudence que de la loi! L'une n'est donc pas le simple écho de l'autre. Le magistrat n'est donc pas seulement la parole vivante du législateur, *loquentem legem*, comme disait la loi romaine (5). La jurisprudence est la *vie extérieure* de la législation (6). Imprimant aux textes le mouve-

---

(1) *Théorie des matières féodales*, préface, p. 7.

(2) *Judicia anchoræ legum, sicut leges reipublicæ* (Bacon, *De justitia univers.*, aph. 73.)

(3) « Ni les citations de Grotius, disait-il, ni celles de Puffendorf, ni celles de l'*Esprit des lois*, n'ont jamais produit une sentence du Châtelet de Paris, ni de l'Old Bailey de Londres. On s'appesantit avec Grotius, on passe quelques moments agréablement avec Montesquieu; mais, si l'on a un procès, on court chez son avocat. »

(4) *Discours prélimin.*, Locré, t. I, p. 265.

(5) Cicéron, *De legibus*, liv. III, § 1.

(6) MM. Dalloz, *Rép. de jur.*, nouv. éd., *Idée générale de cette nouvelle édition*, t. II, p. 18.

ment qui leur manque, elle les transporte dans une sphère d'activité incessante, où elle en fait apparaître tous les aspects, et en développe les conséquences infinies.

La mission de la jurisprudence est plus large encore. Bacon disait que la loi doit laisser le moins possible à l'arbitraire du juge : *optima lex quæ minimum relinquit arbitrio judicis* (1). C'est la douce chimère de quelques législateurs d'espérer tout prévoir, tout régler, *se omnia sua fecisse*. Justinien défendait de commenter le *Corpus juris* (2). Devant l'assemblée constituante, Adrien Duport, soutenant l'institution du jury civil, voyait disparaître, avec la réformation des coutumes et la suppression des droits féodaux et des affaires ecclésiastiques, les trois quarts des procès (3). Cambacérès, reproduisant plus tard, devant la Convention, les idées de Duport sur le jury civil, affirmait que la législation nouvelle ne laisserait aux tribunaux d'autres litiges que ceux dérivant des questions d'état, des actions possessionnelles, ou de l'exécution des contrats (4). Le premier consul luimême ne redoutait pas moins que Justinien les commen-

---

(1) *De justit. univers.*, aph. 46.

(2) Ce recueil devait être fermé comme par un mur au delà duquel il n'y avait plus rien : *quasi quodam muro vallatum nihil extra se habeat.* (Dig., 1re préf., § 5.) Justinien défendait sévèrement aux jurisconsultes d'oser y ajouter leurs commentaires, et d'y jeter la confusion par leurs longs discours, leur *verbiage*, comme cela était arrivé, dans le passé, où presque tout le droit avait été bouleversé par les opinions contradictoires des interprètes. *Nullis jurisperitis in posterum audentibus commentarios illi applicare, et verbositate sua, supradicti Codicis compendium confundere; quemadmodum in antiquioribus factum est, cum per contrarias interpretantium sententias, totum jus pene conturbatum est.* (Dig., *eod.* § 12.)

(3) Laferrière, *Hist. du dr. fr.*, 1re éd., t. II, p. 56.

Laferrière, *eod.*

taires qui, de toutes parts, venaient expliquer son Code. La pureté devait en être altérée, et tous les désordres de l'ancienne législation allaient renaître. « Nous avons nettoyé l'écurie d'Augias, s'écriait-il souvent au conseil d'État. Pour Dieu, messieurs, ne l'encombrons pas de nouveau (1). » Enfin nous retrouvons dans les Codes allemands, et plus encore dans le Code russe, ce singulier besoin, qui anime certains législateurs, de se commenter eux-mêmes, et cette défiance du juge dont ils veulent enchaîner l'intelligence et la raison par les dispositions les plus précises et les plus minutieuses (2).

C'est une décevante espérance que celle des législateurs qui, ne se bornant pas à ouvrir à l'homme les grandes routes de la vie sociale, veulent en déterminer, par avance, les chemins de traverse. La sagesse de nos lois les a préservées de cet excès. Peut être, à la vérité, notre Code a-t-il trop spécialisé certaines matières. Tel est, du moins, le reproche que lui adressent les partisans d'un système éclectique, qui, acceptant la codification, voudraient faire consister un Code dans un ensemble de dispositions, dont la généralité et la flexibilité conserveraient à l'activité sociale la plus grande liberté d'expansion (3). Quoi qu'il en soit de la valeur de ces critiques, et du système auquel elles se rattachent, constatons que le Code Napoléon a laissé au pouvoir judiciaire une

---

(1) Mémorial de Sainte-Hélène.

(2) V. à cet égard les articles très-bons à consulter de M. Nypels, *Rev. de dr. fr.*, fév. 1844, p. 105, et d'un jurisconsulte russe, *même Revue*, mars 1846, p. 245 ; avril 1846, p. 257.

(3) V. l'article déjà cité de M. Gustave Rousset, *Rev. crit.*, août 1857, p. 167 et suiv.

vaste carrière à parcourir, dans l'interprétation des lois. Lui-même a mis aux mains du juge le flambeau de l'équité, en lui prescrivant de ne jamais s'abstenir de statuer, sous prétexte de l'obscurité ou de l'insuffisance de la loi. Cette règle, qui témoigne à la fois de la sage prévoyance et de la modestie du législateur français, est la mesure des droits et des devoirs de nos magistrats. Elle constate leur mission scientifique, et elle est la source de notre jurisprudence (1).

Comment cette jurisprudence se formera-t-elle? Comment parviendra-t-elle à créer ce corps de préceptes juridiques qui, sans être la loi elle-même, nous apprendront, du moins, à nous en servir?

---

(1) Nous ne pouvons mieux faire que de citer ici les paroles pleines d'élévation par lesquelles M. le président Nicias Gaillard, alors premier avocat général à la cour de cassation, terminait l'éloquent discours de rentrée où il retraçait *la Part prise par le premier consul à la confection du Code civil.* Ces paroles, prononcées le 3 novembre 1855, résument, de la manière la plus saisissante, les bienfaits de la codification, en même temps qu'elles en déterminent la portée : « La codification, dit le savant magistrat en s'adressant aux avocats à la cour de cassation, n'a pas tué la science, comme on affectait de le craindre. En dehors des textes, quoique sous l'influence de principes qu'ils renferment, les conséquences se développent à l'infini : il reste, d'ailleurs, tout ce que l'esprit humain, dans son infatigable activité, dans sa fécondité inépuisable, produit incessamment de choses nouvelles, sur de nouvelles combinaisons. Voilà donc le libre domaine qui reste ouvert à la science et à la raison, une grande part du présent et tout l'avenir! Mais si le droit tout entier n'est pas dans le Code, il n'est aucune partie du droit que le Code ne puisse éclairer. La loi conseille quand elle ne commande plus, et ce ne serait pas assez de lui obéir, comme il faut bien, quand elle commande. Il y a place au mérite de la soumission volontaire, dans les cas si nombreux où les textes manquent, et où il faut y suppléer par l'induction. Assurons ce triomphe à la loi, qu'elle gouverne par son esprit, même alors qu'elle est muette dans sa lettre, et donnons-lui à régir même ce qu'elle n'a pu prévoir. Ainsi, messieurs, son empire s'agrandira pour l'honneur de notre France, et pour l'enseignement du monde, et le *Code Napoléon* sera plus digne encore de son nom immortel. »

Ici, messieurs, nous rencontrons les grands principes de notre organisation judiciaire moderne. La jurisprudence sera une science, si l'esprit de TRADITION s'établit chez les magistrats; — si les décisions du juge revêtent une FORMULE DOCTRINALE; — si L'UNITÉ d'interprétation garantit l'uniformité de ces décisions, en même temps qu'elle sauvegardera l'unité de la législation.

Graves questions, que celles qui s'agitent autour du grand problème des *traditions judiciaires*. La magistrature sera-t-elle héréditaire, ou élective et temporaire, ou instituée et inamovible? Brûlantes théories, que nous n'avons point à examiner ici. Bornons-nous à confier au magistrat inamovible le maintien de cet esprit traditionnel qui, sans exclure les modifications commandées par l'expérience et le progrès des lumières, est la condition première de toute jurisprudence. Associons-nous aux paroles que M. Abrial prononçait, le 1er floréal an VIII, devant le tribunal de cassation, lorsque, installant cette juridiction suprême, il signalait l'arbitraire et l'incertitude des décisions des corps judiciaires dont les renouvellements sont trop multipliés et trop rapprochés, puis ajoutait : « Vous échapperez à cet inconvénient par la perpétuité de vos fonctions; on retrouvera toujours dans vos décisions la même sagesse, parce que vous serez toujours vous-mêmes, et que les motifs qui vous ont guidés vous seront toujours présents (1). »

Nos magistrats sont donc en possession d'une science ayant son passé et son avenir. Rien, d'ailleurs, ne les

---

(1) V. sur cette installation du Tribunal de cassation, *Jur. gén.* de MM. Dalloz, nouv. édit., v° *Cassation*, n° 45.

détournera de leurs paisibles travaux. Les luttes de la magistrature et de la royauté ne troublent plus le temple de la justice. La jurisprudence peut se développer à l'aise, dans cet asile de la science et du droit.

Aux monuments de cette jurisprudence, il faut une *formule écrite*. Il y a longtemps, messieurs, que le Droit a cessé d'être une science mystérieuse, et que ses dépositaires ne craignent plus l'indiscrétion d'un Flavius. Mais, combien est nouvelle la règle si simple qui veut que les jugements soient motivés à peine de nullité, et les soumet ainsi au contrôle de l'opinion (1), cette souveraine du monde *qui ose juger la justice* (2), parce qu'elle dispose de tout (3). C'est seulement en 1790, que ce principe fondamental prend place dans nos lois ; et, par un bizarre contraste avec sa gravité, il nous faut en chercher les traces dans le jugement du comte Almaviva, de la *Folle journée*, et dans le recueil imaginaire publié, sous Henri III, par cet avocat au parlement de Paris (4), que sa famille fit interdire, effrayée qu'elle était de ses fantaisies d'arrêtiste.

La portée de la règle nouvelle est immense. Les arrêts, motivés en fait et en droit, vont avoir une valeur doctrinale, qui leur eût, peut-être, épargné l'anathème sorti de la bouche d'Hervé. Les décisions reposant sur des prin-

---

(1) « Nous sommes ainsi, nous autres Français, dit M. Serrigny (*Rev. de dr. fr.*, sept. 1846, p. 689), que nous ne croyons guère à la justice occulte. La publicité est le premier besoin des justiciables. Voyez plutôt nos lois sur la justice judiciaire! Écoutez le bruit que fait l'Allemagne tout entière pour jouir de ce grand bienfait ! »

(2) D'Aguesseau, t. I, p. 140. *La Vraie et fausse justice.*

(3) Pascal, *Pensées*, ch. 6, § 5.

(4) Spifame. V. ce que dit, à son sujet, M. Dupin, *Dict. des arrêts modernes*, p. 15.

cipes de droit, se distingueront, désormais, de celles que les circonstances particulières du fait, dont l'influence est parfois si puissante (1), auront seules dictées. Des précédents, dignes d'être utilement consultés, s'offriront ainsi aux méditations du juge et du jurisconsulte. La jurisprudence, que l'esprit de *tradition* tendait à constituer, peut maintenant se justifier et se perpétuer, à la faveur de la *rédaction motivée* des arrêts.

Il nous manque encore l'*unité*. C'est vainement qu'une législation uniforme aurait été donnée à la France, si la jurisprudence pouvait se localiser dans le ressort de chaque cour d'appel. Cette législation, impuissante à se garder, s'abîmerait bientôt dans un nouveau droit coutumier, né de décisions judiciaires d'autant plus redoutables, qu'elles seraient mieux protégées par l'indépendance des magistrats, et mieux défendues par les doctrines déposées dans leurs motifs.

La loi française a été sauvée de ce péril. Le 27 novembre 1790, l'Assemblée constituante crée, auprès du Corps législatif, un Tribunal de cassation, unique pour toute la France, et chargé de statuer sur les demandes en cassation dirigées contre les jugements en dernier ressort. Sa mission est d'annuler toute décision qui contiendrait une contravention expresse à la loi. Gardien de la législation, placé en dehors des appréciations d'espèces qui sont laissées aux juges du fait, investi d'un rôle purement juridique, le tribunal de cassation ne tranche pas les procès. S'il *rejette*, le litige demeure vidé dans les termes de fait résultant de la décision maintenue ;

---

(1) *Modica enim circumstantia facti, inducit magnam diversitatem juris* (Dumoulin, des *Censives*, § 78, n° 164).

s'il *casse*, l'affaire est renvoyée devant d'autres juges, dans l'état où elle était avant la décision cassée. Jamais ce tribunal n'exerce un droit d'évocation qui le transformerait en un troisième degré de juridiction.

Ainsi se fonde, en France, la centralisation judiciaire, à côté de la centralisation politique et administrative. Tout concourt, dès lors, à revêtir d'un caractère scientifique cette jurisprudence qui, dans les prévisions du législateur, doit naître de la tradition, se formuler doctrinalement dans des arrêts motivés, et se consolider sous l'égide d'une magistrature suprême planant, dans l'ordre judiciaire, sur toutes les juridictions.

Soumettrons-nous, maintenant, à l'épreuve de la pratique, cette théorie jurisprudentielle, déduction logique de notre organisation judiciaire? L'épreuve sera périlleuse. Ne doit elle pas l'être? L'unité qui, seule, donne une véritable importance à l'autorité de la jurisprudence, n'est-elle pas destinée à demeurer, en fait, un insoluble problème? L'homme échappera-t-il jamais à cette confusion de lois ou de jugements, dans laquelle d'Aguesseau retrouvait le fatalisme de la confusion des langues (1)? L'harmonie, pour les œuvres humaines, n'est-elle pas l'ombre insaisissable qui marche toujours ou derrière nous ou devant nous!

L'unité, établie par la loi de 1790, voit d'abord se dresser contre elle, le législateur lui-même. Vous connaissez, messieurs, cette loi de la restauration (2) qui, due aux

---

(1) V. le passage déjà cité (p. 24, note 7).

(2) L. 30 juillet 1828. — Sur cette loi. V. *Jur. gén.* de MM. Dalloz, nouv. édit., v° *Lois*, n° 462 et suiv.

sympathies de M. Henrion de Pansey pour les anciens parlements, dispose qu'après une double cassation, la troisième cour, saisie sur renvoi, statuera souverainement. C'était, sous l'inutile réserve d'une interprétation législative ordinairement négligée, fractionner, entre toutes les cours d'appel, le dernier mot du juge. La loi de 1837 (1) a mis fin à cette inconcevable anomalie, en restituant à la cour suprême sa souveraineté d'interprétation.

Le danger que la loi de 1828 a fait courir au vœu d'unité qui avait dicté la loi de 1790, est donc passé. Mais, on en signale aussitôt un autre, sur lequel je vous demande la permission d'entrer dans quelques détails, parce qu'il a été et est encore le sujet de vives controverses.

Ce nouveau péril tiendrait à l'existence, dans le sein même de la cour de cassation, de la chambre chargée, sous le nom de *Chambre des requêtes*, de vérifier si les pourvois portés devant la cour, doivent être renvoyés à l'examen de la chambre civile qui, seule, a le droit de casser. Cette vérification, comme vous le savez, messieurs, a pour objet de décharger les rôles de la chambre civile de recours qui seraient formés, soit contre des décisons ne donnant prise à aucune censure, parce qu'elles ne renferment qu'une appréciation souveraine de faits, soit contre des arrêts dont les solutions légales ne sont point sérieusement contestables, ou trouvent, par avance, une sanction certaine dans une jurisprudence déjà solidement établie. Le nombre des affaires qui arrivent jusqu'à la chambre civile, est, par là, considérablement

---

(1) L. 1er-2 avril 1837. — L'historique de cette loi est retracé *Jur. gén.* de MM. Dalloz, *loc. cit.*

diminué. Cette chambre peut, dès lors, fonctionner seule ; et l'unité d'interprétation est ainsi garantie, tant par l'unité de la cour régulatrice, que par celle de la chambre armée de son pouvoir régulateur.

Mais, comme si la pratique devait se jouer de toutes les prévisions, même les mieux combinées en apparence, la chambre des requêtes, imaginée dans le but de rendre réalisable la pensée d'unité qui a présidé à la fondation de la cour suprême, est précisément attaquée, comme compromettant, de la manière la plus grave, le succès de cette grande pensée. Il est possible, dit-on, que la chambre des requêtes rejette des pourvois qui auraient, au contraire, triomphé devant la chambre civile, s'ils avaient traversé l'épreuve de la vérification préalable. Des décisions ultérieures rendues par cette dernière chambre, sur la même question, peuvent en fournir une démonstration certaine, et attester ainsi le dissentiment qui s'est manifesté entre les deux chambres, au sujet d'un point de droit identique. L'unité de la jurisprudence n'est-elle pas, dès lors, rompue par le jeu même de l'institution qui devait la protéger ? N'y a-t-il pas là un vice, sur lequel il est besoin de fixer l'attention du législateur (1) ?

La possibilité d'une pareille dissidence est incontestable : et, quoiqu'on puisse dire bien haut que la sagesse de la chambre des requêtes a su et saura toujours en rendre les exemples extrêmement rares, en renvoyant à la chambre civile tout pourvoi soulevant une question sérieusement discutable, on ne saurait méconnaître que

(1) L'institution de la chambre des requêtes a été critiquée par M. Thiercelin, dans un article récent, inséré *Revue prat.*, 1er nov. 1857.

l'opposition de jurisprudence dont on se plaint est de nature à se manifester (1). Cependant cette divergence d'opinions a-t-elle bien la portée qu'on lui prête? Elle serait grave, et solliciterait une mesure prompte et radicale, si elle était susceptible de prendre un caractère permanent. Mais, de l'aveu de tous, la chambre des requêtes, avertie de l'adoption par la chambre civile d'une doctrine contraire à la sienne, s'empresse de se mettre d'accord avec cette chambre, dès que l'occasion lui en est fournie (2). L'unité, momentanément brisée, n'est-elle pas aussitôt rétablie?

D'ailleurs, le remède à ce mal si rare, si promptement effacé, n'en serait-il pas une aggravation? Supprimera-t-on la chambre des requêtes? Mais alors, la chambre civile, accablée sous le nombre des pourvois, sera dans l'impuissance, ou de les juger tous, ou de les étudier avec la maturité qui ne doit jamais faire défaut à ces arrêts suprêmes, que toutes les juridictions de France prennent pour guides et pour modèles. Créera-t-on deux

---

(1) Elle s'est produite, notamment, à propos de la question de savoir si la prescription de l'action en rescision des partages d'ascendants faits sous forme de donation entre-vifs, court à dater de l'acte de partage, ou à partir du décès de l'ascendant donateur. Un arrêt de la chambre des req., du 4 fév. 1845 (Dalloz, vol. 1845, 1. 49) s'était prononcé dans le premier sens, au rapport du savant M. Lasagni. La chambre civile a, au contraire, adopté la seconde opinion, dans un arrêt de rejet, du 30 juin 1847 (Dalloz, vol. 1847, 1. 193), suivi d'un grand nombre d'autres arrêts semblables. — Nous en retrouvons encore un autre exemple dans trois arrêts de la chambre des requêtes, du 27 mars 1844 (Dalloz, vol. 1845, 1. 38), qui ont jugé que les objets destinés à la consommation locale sont assujettis au droit d'octroi, alors même qu'ils serviraient à la fabrication d'objets destinés au commerce général, tandis qu'un arrêt de rejet de la ch. civ., du 6 déc. 1848 (Dalloz, vol. 1849, 1. 29), également suivi d'autres arrêts conformes, les a déclarés affranchis de ce droit.

(2) C'est ce qui est arrivé à propos des deux questions citées à la note qui précède.

chambres civiles? Mais que deviendra l'unité de la jurisprudence? Cherchera-t-on à conserver cette unité, malgré la dualité des chambres de cassation, en divisant leurs attributions? Mais n'est-ce pas oublier le lien étroit qui unit presque toutes les branches du droit, et ne serait-il pas téméraire de vouloir tracer entre elles une ligne de démarcation telle, que les décisions des deux chambres ne dussent jamais se rencontrer (1)? Enfin se bornera-t-on à transformer la chambre des requêtes en un simple *bureau des requêtes* (2), dont les membres, en nombre fort restreint, et soumis à un roulement annuel (3), rejetteraient les pourvois avec plus de scrupule?

---

(1) Nous venons tout récemment d'avoir un exemple frappant de l'inconvénient qu'offrirait l'existence de deux chambres de cassation, quelque soin qu'on eût apporté dans la division de leurs attributions. La chambre criminelle, saisie d'une question de chose jugée, en matière de brevet d'invention, a admis l'exception (arrêt de rejet du 17 avril 1857, Dalloz, vol. 1857, 1. 142); et, à quelques jours de distance, la chambre civile l'a, au contraire, repoussée (arrêt de cassat. du 29 avril 1857, Dalloz, vol. 1857, 1. 137). — Si de telles divergences peuvent se produire entre deux chambres dont l'une applique le *droit criminel*, et l'autre, le *droit civil*, combien n'est-il pas à craindre qu'elles se multiplient, entre deux chambres qui se diviseraient les diverses branches de la législation civile.

(2) Ce *bureau des requêtes* existait dans l'origine. La loi d'institution du tribunal de cassation, des 27 nov.-1er déc. 1790, l'avait établi. Il se composait de vingt membres soumis à un roulement semestriel (art. 6); le rejet de la requête ne pouvait être prononcé que par les *trois quarts* des voix (art. 7). — La loi du 2 brum. an IV, convertit ce bureau en une *section* dite des *requêtes*, composée de seize juges, également soumis à roulement tous les six mois, mais pour six membres seulement (art. 3), et statuant à la *majorité absolue* des suffrages (art. 3 et 22). — La loi du 27 vent. an VIII, maintint la composition de la section des requêtes, et le mode de formation de ses décisions. Toutefois, le roulement ne fut plus que de quatre juges, et devint annuel. — Enfin, la loi du 15 janvier 1826 donna à la section des requêtes le nom de *chambre des requêtes*, et elle fit cesser la nécessité du roulement. — Les lois dont on vient de parler sont énumérées *Jur. gén.* de MM. Dalloz, nouv. éd., v° *Cassation*, p. 22, 29, 33, 45.

(3) V. l'article cité de M. Thiercelin.

Mais ne verrions-nous pas revenir en partie l'encombrement des affaires renvoyées à la chambre civile ; et d'ailleurs, sera-t-on plus disposé à accepter les arrêts de rejet de ce bureau des requêtes, que ceux d'une chambre dont les magistrats, plus nombreux, sont par cela même réputés rendre une justice plus sûre et plus éclairée ?

Le maintien de la chambre des requêtes n'est donc pas un obstacle réel à l'unité de la jurisprudence, et si quelques rejets sont prononcés par cette chambre, alors que la chambre civile eût au contraire cassé, c'est là, sans doute, un mal, mais un mal né d'une institution utile, qui a ses imperfections, comme toutes les institutions humaines, et à laquelle on ne doit toucher qu'avec une prudence extrême, dans la crainte que la tentative inopportune de la restauration d'une partie de l'édifice, n'entraîne la ruine de l'édifice tout entier (1).

Regardant de plus près, et dans son ensemble, la marche de la jurisprudence, on se prend, d'ailleurs, d'une bien autre inquiétude sur la réalisation du vœu du législateur de 1790. La légitime autorité qui s'attache à une jurisprudence que le respect des traditions judiciaires a fondée, que des doctrines nettement formulées ont soumise au contrôle et à la ratification de tous, que la sanction de la cour suprême a dû marquer du sceau de l'unité, ne semble-t-il pas impossible de l'accorder aux arrêts dont tous les jours nous observons la naissance, et suivons la destinée ? Quelle effrayante diversité ! quelle

---

(1) La chambre des requêtes a été défendue par M. Troplong, *Journ. le Droit*, 10 juillet 1848. V. aussi *Rev. de dr. fr.*, oct. et nov. 1848, p. 733, un article de M. Bonnier, et *Jur. gén.* de MM. Dalloz, nouv. éd., v° *Cassation*, n° 43.

mobilité désespérante à la place de cette unité et de cette stabilité, que rêvait la loi de 1790! On en est épouvanté. Étranges *œuvres des lois!* s'écriera-t-on, que ces décisions judiciaires, si souvent entraînées par des courants contraires, et qui ne trouvent pas même de refuge assuré, dans ce port de salut où les flots ne sont pas moins agités, et les naufrages moins fréquents!

Gardons-nous, messieurs, d'assombrir ainsi le tableau. Certes, nous avons été parfois les témoins de revirements de jurisprudence inattendus, et, peut-être, l'avenir nous en réserve-t-il beaucoup d'autres encore. L'époque n'est pas venue, où la législation et la jurisprudence auront des règles certaines, acceptées de tous, et qui ne varieront que pour se développer logiquement sous l'empire de la justice et de la raison. Cette époque est loin de nous. Peut-être n'arrivera-t-elle jamais. Mais marchons-nous vers elle, ou, par un funeste oubli de la loi de l'humanité, retournons-nous en arrière? Ces revirements dont on s'effraye, est-ce le chaos ou la lumière, est-ce la ruine ou le progrès (1)?

Nous ne sommes plus au temps où les arrêts changeaient suivant l'humeur des juges, le crédit des parties et aussi l'habileté des avocats (2); où le juge, « rencontrant un aspre conflict entre Bartolus et Baldus, et quelque matiere agitee de plusieurs contrarietez, mettait

---

(1) Il y a longtemps que la mobilité de la jurisprudence est la condition de son existence et de son avenir. « Si l'on était toujours demeuré aux termes des premiers arrêts, disait Henrys, t. II, p. 748, notre jurisprudence n'aurait pas si heureusement changé qu'elle a fait en plusieurs circonstances. Ce changement procède de ce qu'on cherche mieux les principes, ou de ce que l'étude ou l'expérience nous donnent de nouvelles lumières. »

(2) Bretonnier sur Henrys, t. II, p. 90, liv. 3, quest. 67.

en marge de son livre : « question pour l'amy, » afin de pouvoir favoriser « celle des parties que bon luy semblerait (1) ; » où d'Aguesseau se plaignait de ces jugements nombreux qui n'étaient que l'œuvre du hasard ou du tempérament (2). Nos arrêts témoignent tous de la conscience honnête et scrupuleuse qui les dicte ; des méditations patientes et éclairées qui en préparent la doctrine ; du soin qui préside à leur rédaction ; de la volonté ferme et constante d'y faire triompher l'équité, cette source pure et féconde de la bonne interprétation des lois. C'est là, nous devons le proclamer, l'esprit qui anime la jurisprudence française. Doit-on lui reprocher ses oscillations, si, au milieu des hésitations de la science, le regard du magistrat est sans cesse dirigé vers la loi qui est son guide, vers la raison qui est son appui. D'une même règle peuvent assurément sortir des jugements contradictoires : *de iisdem non eadem judicantur.* Mais qu'importe, si les routes diverses que l'intelligence humaine est condamnée à laborieusement parcourir, conduisent toutes au même but : LA VÉRITÉ (3) !

---

(1) Montaigne, *Essais*, liv. 2, ch. 12, p. 367, *in fine* édit. Victor Lecou, 1855.

(2) *Mercuriale* de 1704, déjà citée p. 18, note 4.

(3) Le degré d'autorité qui doit être accordé aux décisions judiciaires, préoccupe depuis longtemps les esprits. M. Dupin, *Dict. des arrêts modernes*, rapporte (préface, p. 5) une dispute fort curieuse, qui s'était élevée, à ce sujet, dans la conférence des avocats du parlement d'Aix, le 12 juin 1763, et dont il emprunte les détails au *Journal de Bouillon*, sept. 1763.

De nos jours, la même question a été traitée dans divers articles de revues ou de journaux. V. notamment la dissertation d'un jurisconsulte russe publiée *Rev. étr.*, t. IV, p. 499 et suiv., 583 et suiv., et surtout p. 589 ; V. aussi celles de MM. Cabantous, *Rev. de lég.*, avril 1843, p. 416 ; fév. 1857, p. 249 ; Sacaze, *Rev. crit.*, janv. 1855, p. 83 ; Ancelot, août 1855, p. 191 ; et un article de M. Thiercelin, *Journ. le Dr.*, 12 déc. 1854. — M. Paul

La recherche de la vérité légale se combinant avec les événements infinis de la vie sociale, voilà l'objet éternel de la mission du juge ; et c'est ici, messieurs, que le ministère du magistrat revêt un dernier caractère dont l'examen doit compléter notre étude.

Non-seulement, la codification n'a pas fait du juge une *machine à sentences*, un *juge automate* (1), comme on l'a dit avec un grand bonheur d'expression ; non-seulement le juge donne à la lettre muette de nos Codes, un langage dont il règle et perfectionne les accents; non-seulement, le juge fait de l'équité la compagne de la loi, lorsque celle-ci, gardant le silence, s'est confiée à ses inspirations ; — ce juge a une mission plus importante encore, car il prépare les progrès de la législation.

Spectateur des transformations sociales, que le législateur n'a pu prévoir, il crée des règles nouvelles pour les besoins nouveaux; et, s'il arrive qu'il soit enchaîné par la loi, il saura bien faire passer, dans la rédaction de ses arrêts, les troubles de sa conscience et les révoltes de sa raison. Le législateur entendra ses avertissements ; il donnera force de loi à ce qui, jusque-là, n'était que l'expression moins certaine et moins fixe de la jurisprudence; il mettra la législation en harmonie avec les exigences, tous les jours nouvelles, d'une société vouée à un perpétuel mouvement ; il se hâtera de combler les

---

Lenormant, dans son discours de rentrée, prononcé le 4 nov. 1850, devant la cour d'Orléans, et intitulé *Étude sur le Code civil*, proclame énergiquement la nécessité de l'étude de la jurisprudence. V. l'introduction au *Rép. de Législation de Doctrine et de Jurisprudence* de MM. Dalloz.

(1) Article d'un jurisconsulte russe, déjà cité à la note précédente (*Rev. étr.*, t. IV, année 1841, p. 590).

vides de la législation (1), s'il ne veut pas que les créations coutumières de la jurisprudence se confondent, dans les esprits, avec les formules écrites de la loi ; il s'empressera surtout de faire disparaître de nos Codes les lois demeurées en arrière des progrès sociaux, s'il craint que les tribunaux se rappellent trop ces paroles de Bacon, que « bien qu'on n'ait pas eu tort de dire que personne ne doit être plus sage que la loi, cette maxime ne doit s'entendre que des lois qui veillent, et non des lois qui dorment (2). » La jurisprudence sera ainsi l'avant-courrière d'une législation qui doit sortir des lumières de la raison et des leçons de l'expérience.

Après cette étude d'ensemble, j'aurais voulu, messieurs, mettre la jurisprudence à l'œuvre, et en observer la marche au sein de chacune des matières du droit. Le tableau ne manquerait certes pas d'intérêt. Nous verrions le juge asservi d'abord à la lettre de la loi

---

(1) Nous pouvons signaler ici l'influence de la jurisprudence sur la législation relative au *Crédit foncier*, aux *Sociétés en commandite*, aux *Majorats* et *Substitutions*, à la *Transcription*, et aux diverses matières si nombreuses, qui, depuis la promulgation du Code Napoléon, ont été réglementées par des lois nouvelles. L'énumération en est faite au *Répertoire* de MM. Dalloz, nouv. édit., v° *Lois codifiées*, n°s 5 et suiv., et dans l'article de M. Gustave Bousset, inséré *Rev. crit.*, oct. 1856, p. 341. Aux lois citées, qui s'arrêtent en 1856, nous ajouterons, pour les années 1856 et 1857, la loi du 31 mai 1856, qui modifie l'art. 32 de la loi du 5 juillet 1844 sur les *Brevets d'invention* ; — la loi du 13 juin 1856, sur les *Appels des jugements correctionnels* ; — les lois du 17 juillet 1856, sur le *Drainage*, et le privilége qui affecte au profit du trésor public les terrains drainés ; — sur l'*Arbitrage forcé* ; — sur les *Concordats par abandon* ; — sur les *Sociétés en commandite par actions* ; — la loi du même jour qui modifie plusieurs articles du *Code d'instruction criminelle* ; — le *Code de justice militaire*, du 9 juin 1857 ; — la loi du 25 juin 1857, sur les *Marques de fabrique et de commerce*.

(2) Bacon, *De justit. univers.*, aph. 58.

qu'il a peur de méconnaître et de corrompre. Mais bientôt, nous constaterions son affranchissement. Alors nous l'accompagnerions sur cette route nouvelle, soit, lorsqu'il demande à l'histoire et à la philosophie l'origine et l'esprit de la loi ; soit, lorsqu'il s'inspire de l'équité pour en agrandir l'horizon ; soit lorsqu'il plie aux nécessités de quelque système utilitaire, des textes, d'ailleurs assez flexibles, pour que l'usurpation législative n'ait pas un caractère trop flagrant ; soit enfin, lorsqu'il remplit les lacunes que le législateur a laissées dans nos Codes, tantôt par oubli (1), tantôt volontairement, parce qu'il abordait ce domaine de convenances ou de délicatesses sociales, où il s'abstient toujours de pénétrer (2).

Nous rechercherions, ensuite, les lois nouvelles qui, depuis la promulgation de nos Codes, doivent le jour à cette longue élaboration jurisprudentielle (3), et les matières nombreuses, dont les règles, appuyées exclusivement sur des décisions judiciaires, attendent encore une consécration législative (4). Après avoir réclamé cette consécration, nous nous demanderions si, pour en compléter les avantages, la surveillance que le législateur exerce sur la jurisprudence, afin d'en recueillir les enseignements, ne devrait pas être confiée à une commission permanente dont les travaux de codification

(1) Certaines matières flottent encore tout entières au gré de la jurisprudence. — L'*Acquiescement*, les *Assurances terrestres* et le *Droit de rétention*, en offrent des exemples remarquables.

(2) Par exemple, en matière de *Puissance paternelle*.

(3) V. la note 1, p. 45.

(4) V. comme exemples, la note 1re ci-dessus.

perpétuelle (1) sauveraient notre pays de ce déluge de lois qui pleuvent sur nous, et embarrassent notre marche, comme les filets de l'Écriture (2).

Peut-être même, nos vœux ne s'arrêteraient-ils point là, et nous sentirions-nous séduits par le gigantesque projet de Napoléon Ier, lorsqu'il dit, dans son *Mémorial de Sainte-Hélène* : « J'aurais voulu partir d'un point arrêté, suivre une route unique, connue de tous, n'avoir d'autres lois que celles inscrites dans le seul code, et proclamer, une fois pour toutes, nul et non avenu, tout ce qui ne s'y trouverait pas compris. »

J'ai dû reculer, messieurs, devant ce cours de jurisprudence et de législation comparées. La course historique que nous venons de faire à travers les âges, les appréciations générales auxquelles j'ai tenté de me livrer, n'excédaient-elles pas déjà, de beaucoup, la mesure de mes forces ?

J'ai besoin de me recueillir et de conclure.

Dans les plis de son drapeau, la Jurisprudence a longtemps tenu la Législation. Aujourd'hui, le germe de la loi

---

(1) L'utilité d'une telle commission, déjà exprimée par Bacon, *De justitia univers.*, aph. 35, est signalée par M. Portalis fils, dans ses *Travaux inédits sur le Code civil*, p. 7. — M. de Savigny, dans son *Traité du droit romain*, t. I, p. 197 et 393, insiste sur les avantages considérables qu'aurait, au point de vue de la simplicité des lois, l'institution, dans chaque grand État, d'une commission législative entretenant des relations continuelles avec la haute magistrature, et recueillant les résultats de la jurisprudence. — V. également sur la codification générale de nos lois, un article de M. Labadens, *Rev. crit.*, mars 1855, p. 354, et l'article de M. Gustave Rousset, oct. 1856, p. 329.

(2) *Psaumes* X, v. 7.

y est seul déposé. Que ce germe se féconde sans cesse ! Que ce dépôt de l'avenir soit confié sans crainte à nos magistrats ! Jamais ils ne failliront à leur sainte mission ; car, placés au milieu d'une société qui ne s'arrête point, ils savent qu'ils n'ont pas droit au repos du législateur, et que toujours ils devront poursuivre cet idéal que nul ne peut atteindre : l'HARMONIE ABSOLUE, pour réaliser le seul bienfait qui soit permis aux efforts de l'homme : le PROGRÈS !

Paris. — Imprimé par E. Thunot et Cᵉ, rue Racine, 26, près de l'Odéon.

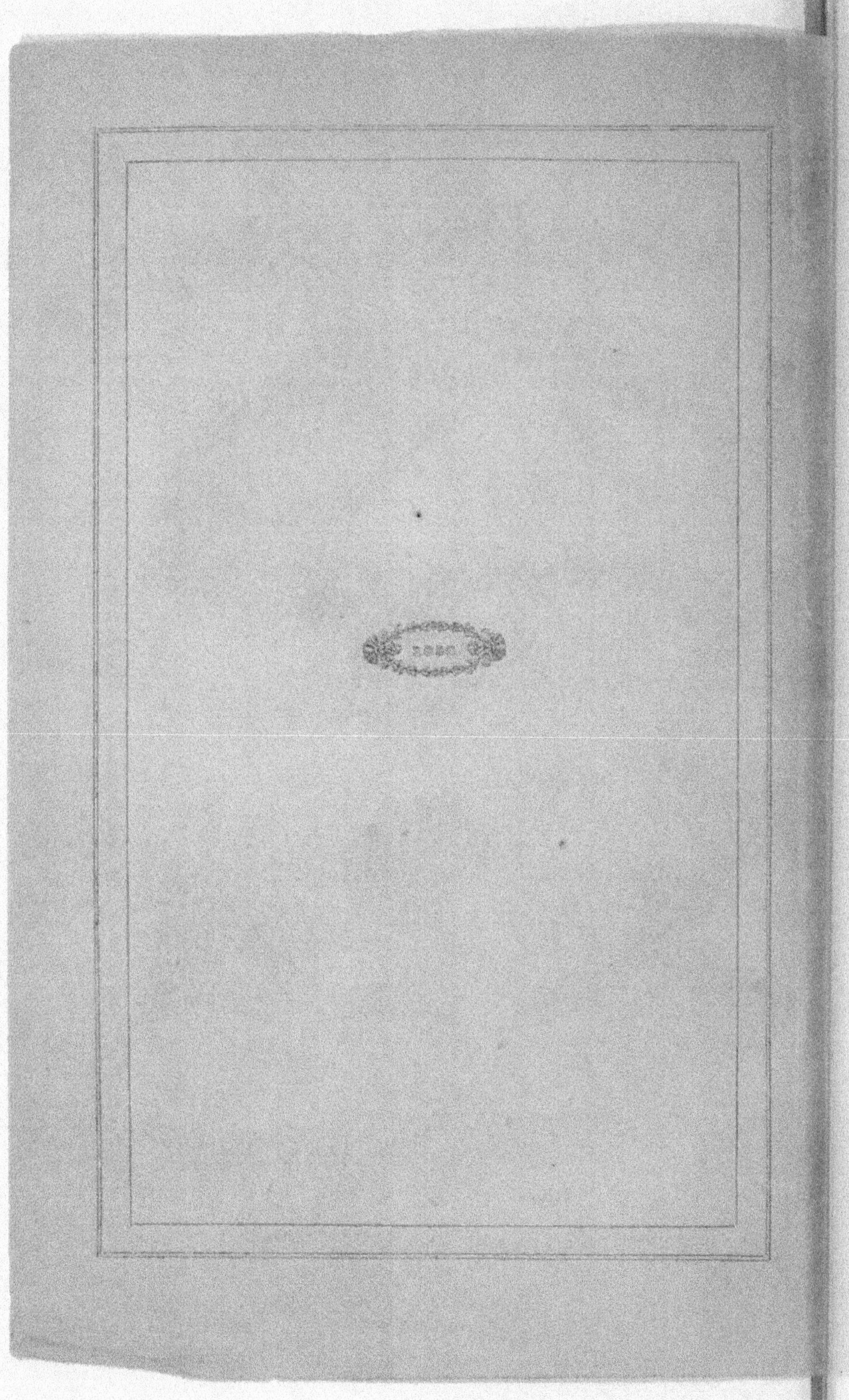

www.ingramcontent.com/pod-product-compliance
Ingram Content Group UK Ltd.
Pitfield, Milton Keynes, MK11 3LW, UK
UKHW022141170726
13837UKWH00004B/1706

9 782329 239712